The Thinking TREE

www.DyslexiaGames.com

Dyslexia Games

Friendly Copyright Notice:

The Thinking Tree LLC ● 617 N Swope St. ● Greenfield, IN 46140 ● info@dyslexiagames.com ● 317-622-8852

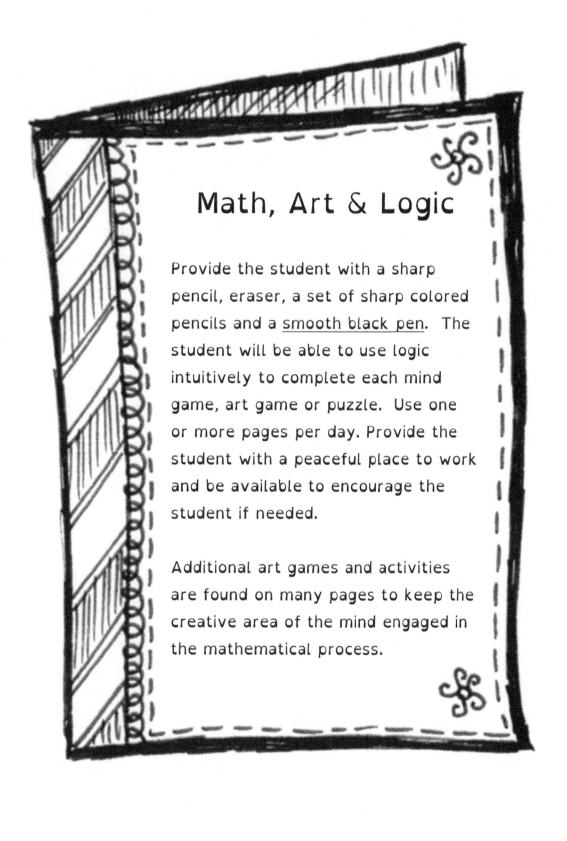

Math, Art & Logic

Provide the student with a sharp pencil, eraser, a set of sharp colored pencils and a <u>smooth black pen</u>. The student will be able to use logic intuitively to complete each mind game, art game or puzzle. Use one or more pages per day. Provide the student with a peaceful place to work and be available to encourage the student if needed.

Additional art games and activities are found on many pages to keep the creative area of the mind engaged in the mathematical process.

MATH IS EVERYWHERE!

There are 10 items missing on this page.

Can you figure out what they are and draw them?

Use logic to complete each puzzle.

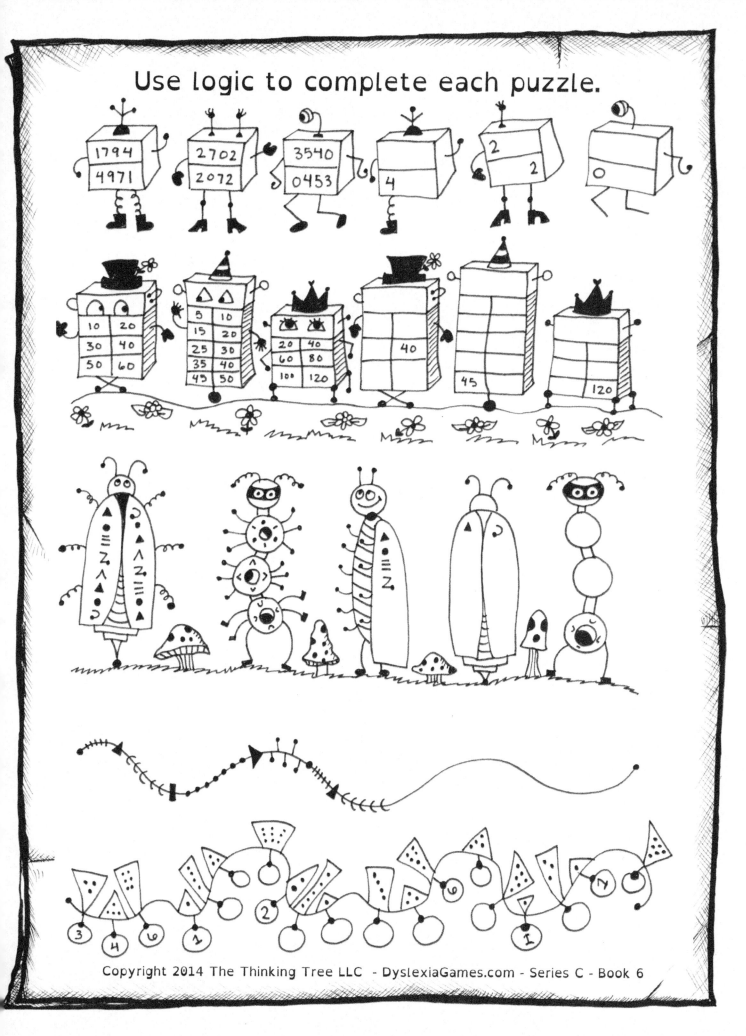

Use logic to complete each puzzle.

1	2	3	4		6	7	8	9	10
11	12	13	14		16	17	18	19	20
21	22	23	24		26	27	28	29	30
31	32	33	34		36	37	38	39	40
41	42	43	44		46	47	48	49	50
51	52	53	54		56	57	58	59	60
61	62	63	64		66	67	68	69	70
71	72	73	74		76	77	78	79	80
81	82	83	84		86	87	88	89	90
91	92	93	94		96	97	98	99	100

Use logic to complete each puzzle.

Use logic to complete each puzzle.

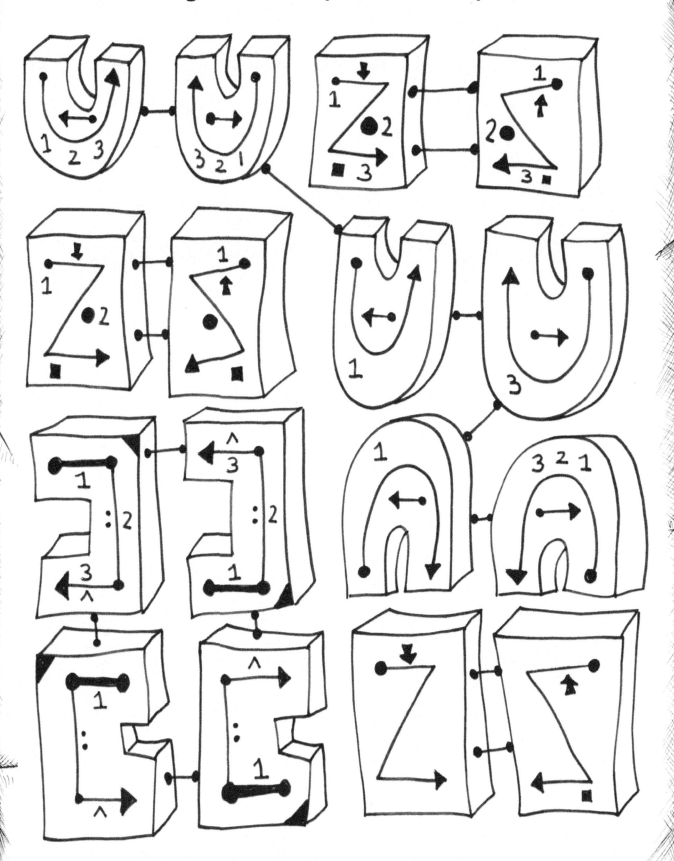

Use logic to complete each puzzle.

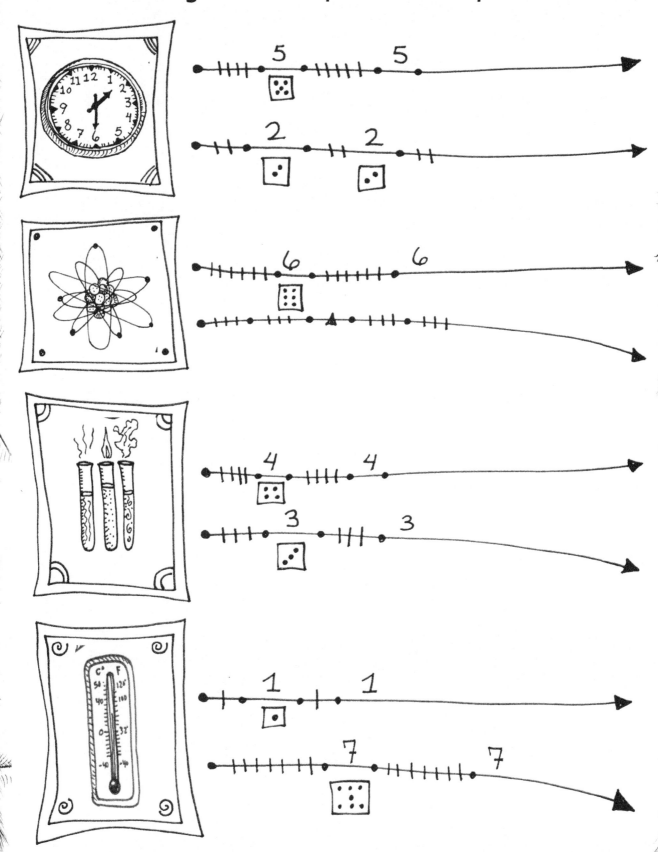

Use logic to complete each puzzle.

1	2	3	4	5	6	7	8	9	
11	12	13	14	15	16	17	18		20
21	22	23	24	25	26	27		29	30
31	32	33	34	35	36		38	39	40
41	42	43	44	45		47	48	49	50
51	52	53	54		56	57	58	59	60
61	62	63		65	66	67	68	69	70
71	72		74	75	76	77	78	79	80
81		83	84	85	86	87	88	89	90
	92	93	94	95	96	97	98	99	100

Use logic to complete each puzzle.

Sun

Moon

Star

S _ _ _

Planet

M _ _ _ _

Astroid

Comet

P _ _ _ _ t

A _ _ _ _ _ _

C _ _ _ _

9
18
27
36
45
54
63
72
81
90
99
108
117

9
18
27
54
81
117

$$\begin{array}{c} 9 \\ \times 1 \\ \hline 9 \end{array}$$

$$\begin{array}{c} 9 \\ \times 2 \\ \hline 18 \end{array}$$

$$\begin{array}{c} 9 \\ \times 3 \\ \hline 27 \end{array}$$

$$\begin{array}{c} 9 \\ \times 4 \\ \hline \end{array}$$

?

$$\begin{array}{c} 9 \\ \times 5 \\ \hline \end{array}$$

?

$$\begin{array}{c} 9 \\ \times 6 \\ \hline \end{array}$$

?

$$\begin{array}{c} 9 \\ \times 7 \\ \hline \end{array}$$

$$\begin{array}{c} 9 \\ \times 8 \\ \hline \end{array}$$

?

Use logic to complete each puzzle.

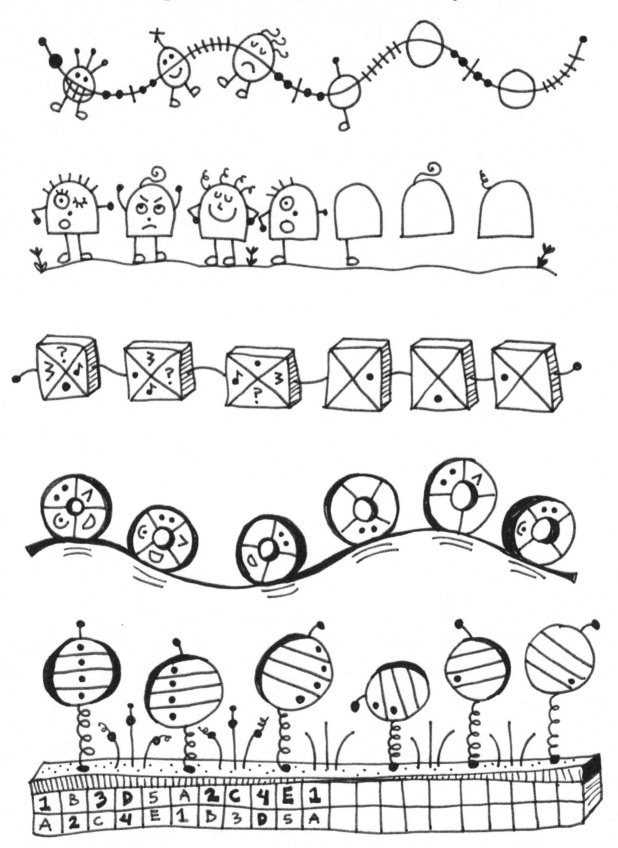

Use logic to complete each puzzle.

1	2	3	4		6	7	8	9	
11	12	13	14		16	17	18	19	
21	22	23	24		26	27	28	29	
31	32	33	34		36	37	38	39	
41	42	43	44		46	47	48	49	
51	52	53	54		56	57	58	59	
61	62	63	64		66	67	68	69	
71	72	73	74		76	77	78	79	
81	82	83	84		86	87	88	89	
91	92	93	94		96	97	98	99	

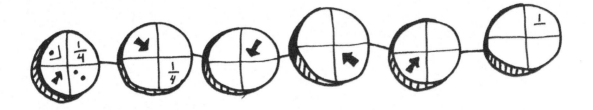

Use logic to complete each puzzle.

Two
T _ _

Three
T _ _ _ _ _

Ten
T _ _

Five
F _ _ _ _

Eight
E _ _ _ _

Would you like cream or sugar in your Coffee?
W _ _ _ _   y _ _   l _ _ _   cream _ _   Sugar _ _   _ _ _ _ _ Coffee?

Rocks • Rocks • R _ _ _ _ _   • Sand • Sand • S _ _ _ _   • Water

Use logic to complete each puzzle.

Use logic to complete each puzzle.

Use logic to complete each puzzle.

1		3	4		6	7		9	10
21		23	24		26	27		29	30
41		43	44		46	47		49	50
61		63	64		66	67		69	70
81		83	84		86	87		89	90

Use logic to complete each puzzle.

Use logic to complete each puzzle.

1	2	3	4		6	7	8	9	10
2	4	6	8		12	14	16	18	20
3	6	9	12		18	21	24	27	30
4	8	12	16		24	28	32	36	40
6	12	18	24		36	42	48	54	60
7	14	21	28		42	49	56	63	70
8	16	24	32		48	56	64	72	80
9	18	27	36		54	63	72	81	90
10	20	30	40		60	70	80	90	100

Use logic to complete each puzzle.

Use logic to complete each puzzle.

1		3		5		7		9	
11	12	13	14	15	16	17	18	19	20
21	22	23	24	25	26	27	28	29	30
31		33		35		37		39	
41	42	43	44	45	46	47	48	49	50
51	52	53	54	55	56	57	58	59	60
61		63		65		67		69	
71	72	73	74	75	76	77	78	79	80
81	82	83	84	85	86	87	88	89	90
91		93		95		97		99	

Use logic to complete each puzzle.

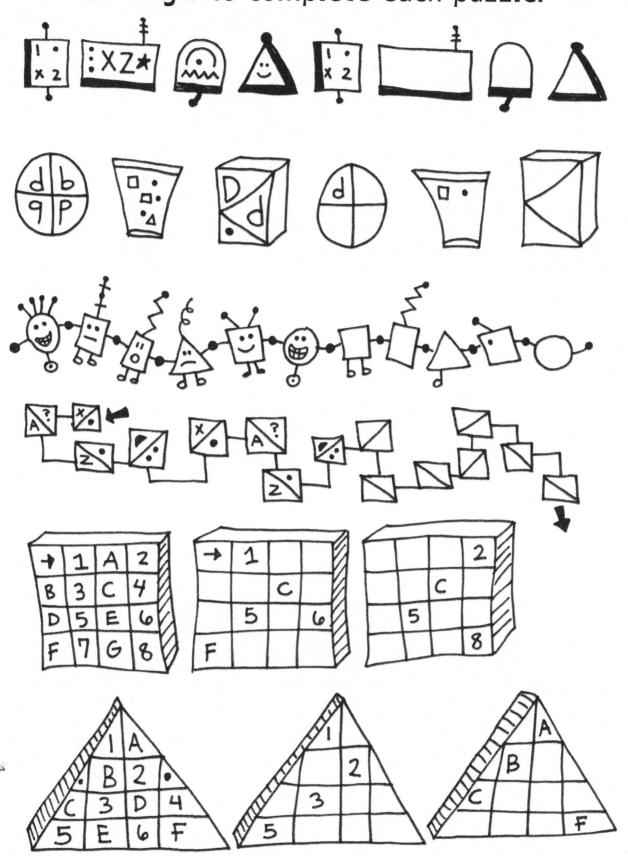

Use logic to complete each puzzle.

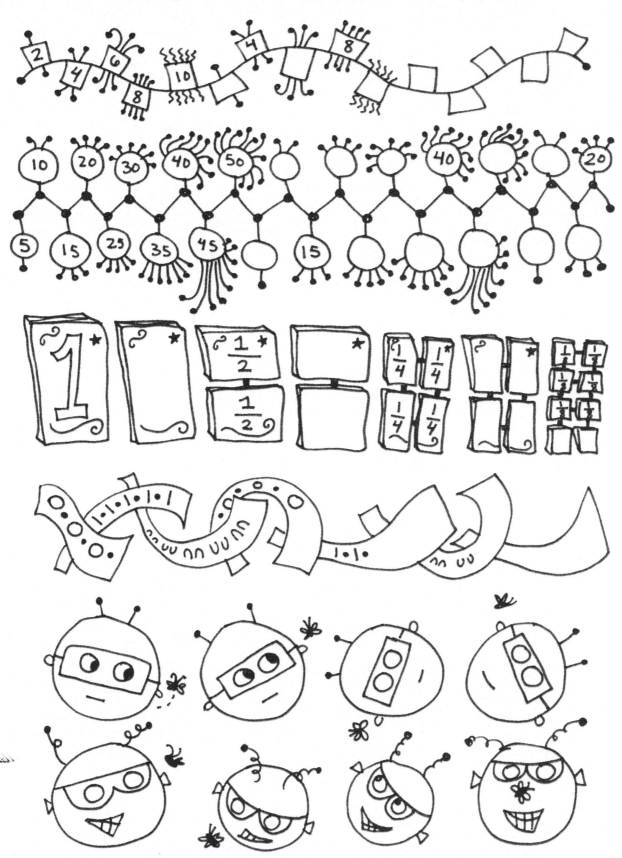

Use logic to complete each puzzle.

1	2	3		5	6	7	8	9	10
2	4	6		10	12	14	16	18	20
3	6	9		15	18	21	24	27	30
4	8	12		20	24	28	32	36	40
5	10	15		25	30	35	40	45	50
6	12	18		30	36	42	48	54	60
7	14	21		35	42	49	56	63	70
8	16	24		40	48	56	64	72	80
9	18	27		45	54	63	72	81	90
10	20	30		50	60	70	80	90	100

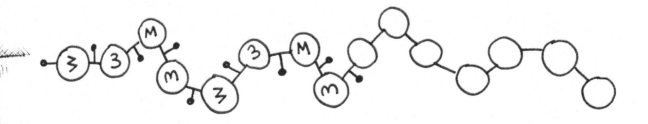

Use logic to complete each puzzle.

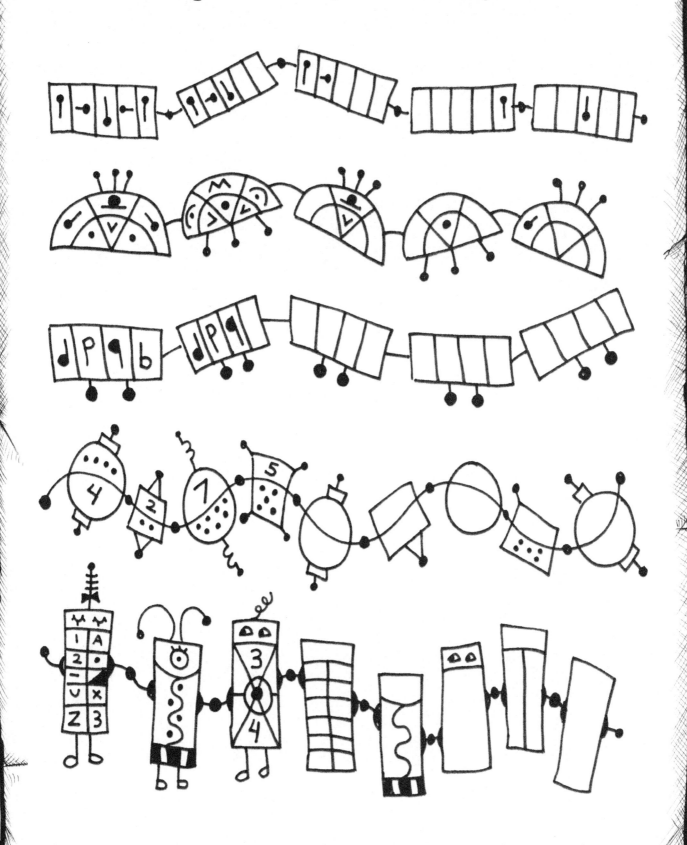

Use logic to complete each puzzle.

1		3		5		7		9	
21		23		25		27		29	
41		43		45		47		49	
61		63		65		67		69	
81		83		85		87		89	

    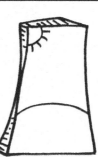

Use logic to complete each puzzle.

Use logic to complete each puzzle.

	2	3	4	5	6	7	8	9	10
2		6	8	10	12	14	16	18	20
3	6		12	15	18	21	24	27	30
4	8	12		20	24	28	32	36	40
5	10	15	20		30	35	40	45	50
6	12	18	24	30		42	48	54	60
7	14	21	28	35	42		56	63	70
8	16	24	32	40	48	56		72	80
9	18	27	36	45	54	63	72		90
10	20	30	40	50	60	70	80	90	

Use logic to complete each puzzle.

Use logic to complete each puzzle.

☺ = O	웃 = 1	❀ = 2	☽ = 3	★ = 4
☀ = 5	🌳 = 6	☕? = 7	🧁 = 8	⬛ = 9

Use logic to complete each puzzle.

1		3	4	5	6	7	8	9	10
2		6	8	10	12	14	16	18	20
3		9	12	15	18	21	24	27	30
4		12	16	20	24	28	32	36	40
5		15	20	25	30	35	40	45	50
6		18	24	30	36	42	48	54	60
7		21	28	35	42	49	56	63	70
8		24	32	40	48	56	64	72	80
9		27	36	45	54	63	72	81	90
10		30	40	50	60	70	80	90	100

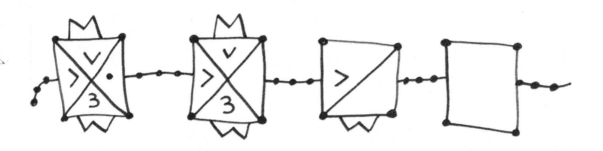

Use logic to complete each puzzle.

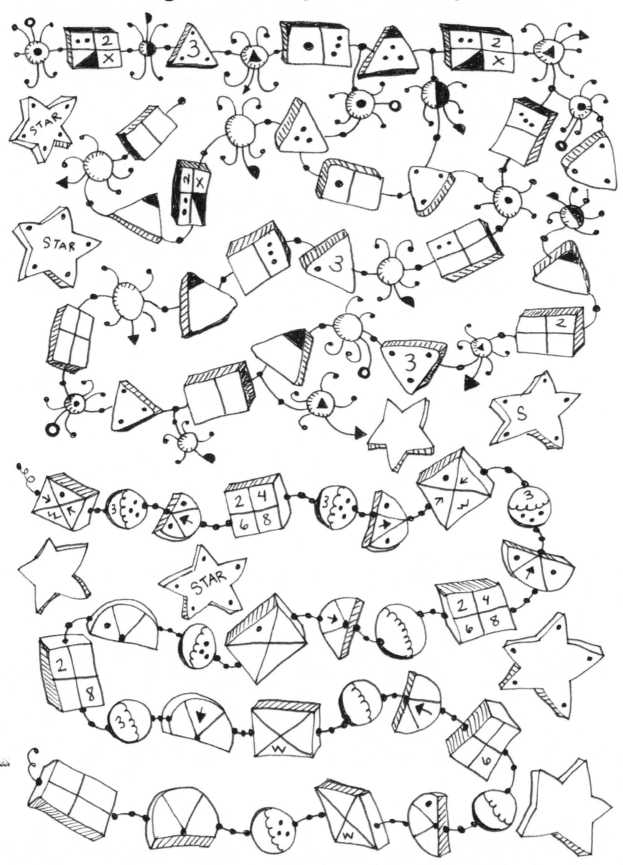

Use logic to complete each puzzle.

1	2	3	4	5	6	7	8	9	10
2	4	6	8	10	12	14	16	18	
3	6	9	12	15	18	21	24	27	
4	8	12	16		24	28	32	36	40
5	10	15		25		35	40	45	50
6	12	18	24		36	42	48	54	60
7	14	21	28	35	42	49	56	63	70
8	16	24	32	40	48	56	64	72	80
9	18	27	36	45	54	63	72	81	90
10			40	50	60	70	80	90	100

Use logic to complete each puzzle.

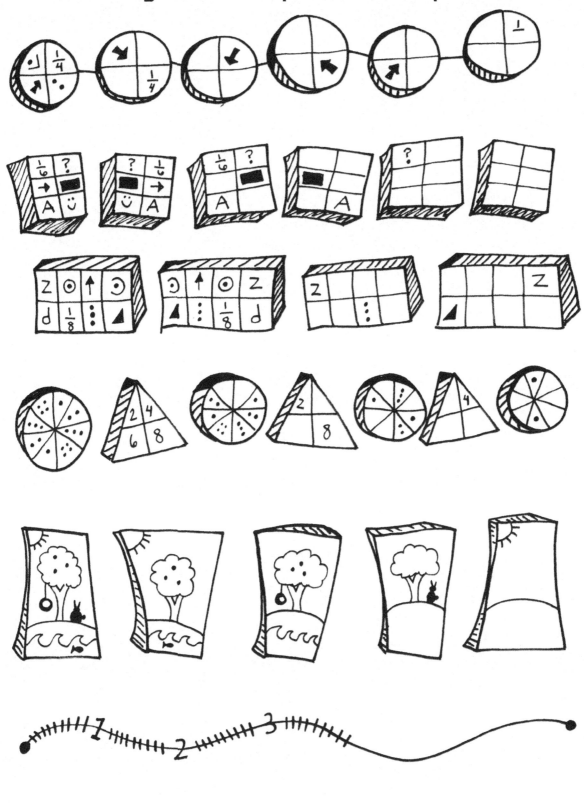

Use logic to complete each puzzle.

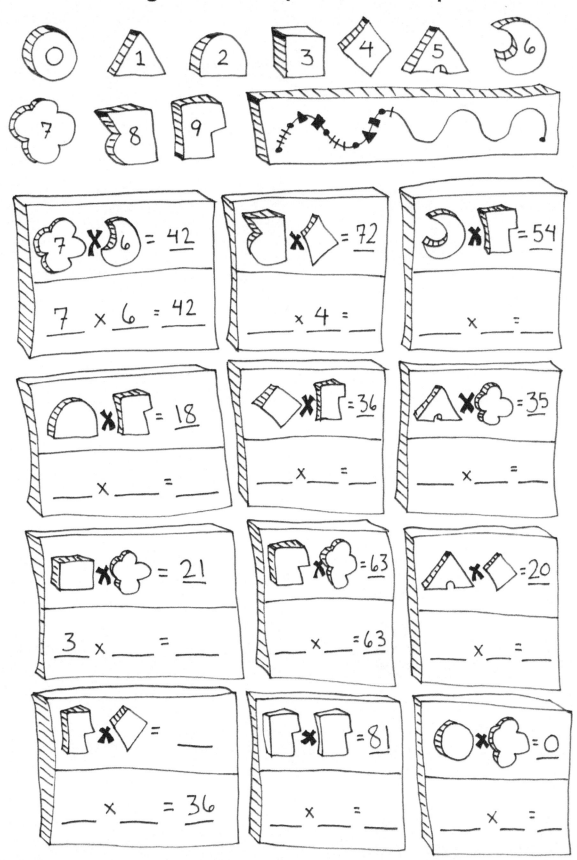

$7 \times 6 = 42$

$7 \times 6 = 42$

$\underline{} \times 4 = \underline{}$ ($\times \square = 72$)

$\underline{} \times \underline{} = \underline{}$ ($\times = 54$)

$\underline{} \times \underline{} = \underline{}$ ($\times = 18$)

$\underline{} \times \underline{} = \underline{}$ ($\times = 36$)

$\underline{} \times \underline{} = \underline{}$ ($\times = 35$)

$3 \times \underline{} = \underline{}$ ($\times = 21$)

$\underline{} \times \underline{} = 63$

$\underline{} \times \underline{} = \underline{}$ ($\times = 20$)

$\underline{} \times \underline{} = 36$

$\underline{} \times \underline{} = \underline{}$ ($\times = 81$)

$\underline{} \times \underline{} = \underline{}$ ($\times = 0$)

Use logic to complete each puzzle.

1	2	3	4	5	6	7	8	9	10
21	22	23	24	25	26	27	28	29	30
41	42	43	44	45	46	47	48	49	50
61	62	63	64	65	66	67	68	69	70
81	82	83	84	85	86	87	88	89	90

Use logic to complete each puzzle.

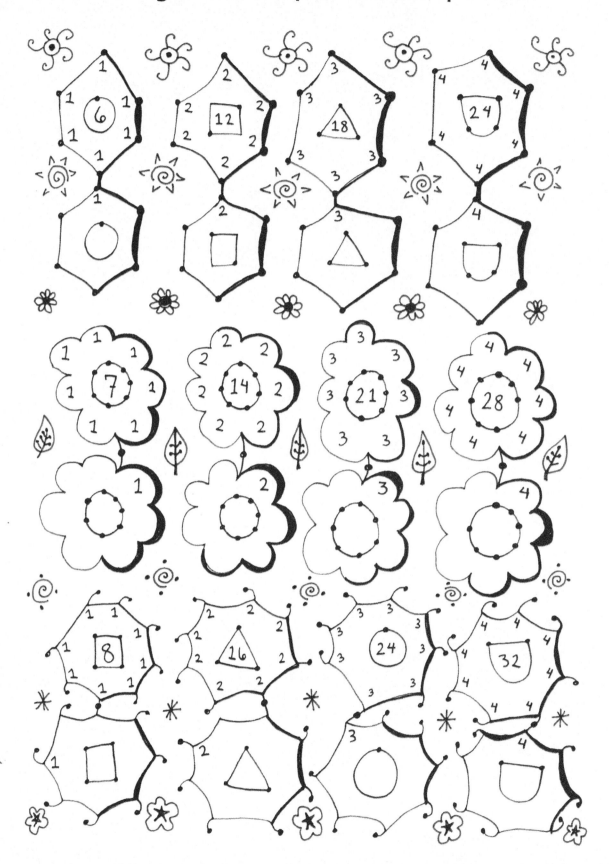

Use logic to complete each puzzle.

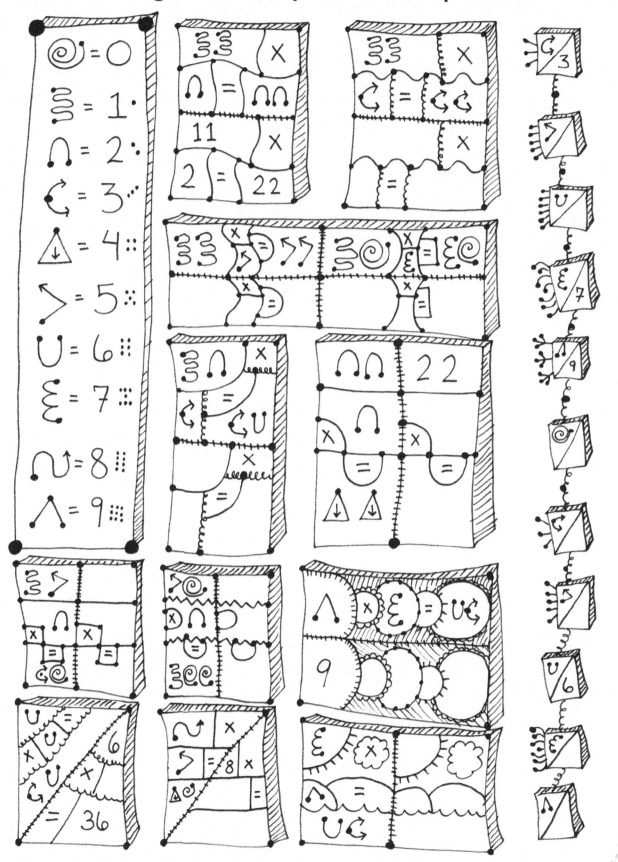

Use logic to complete each puzzle.

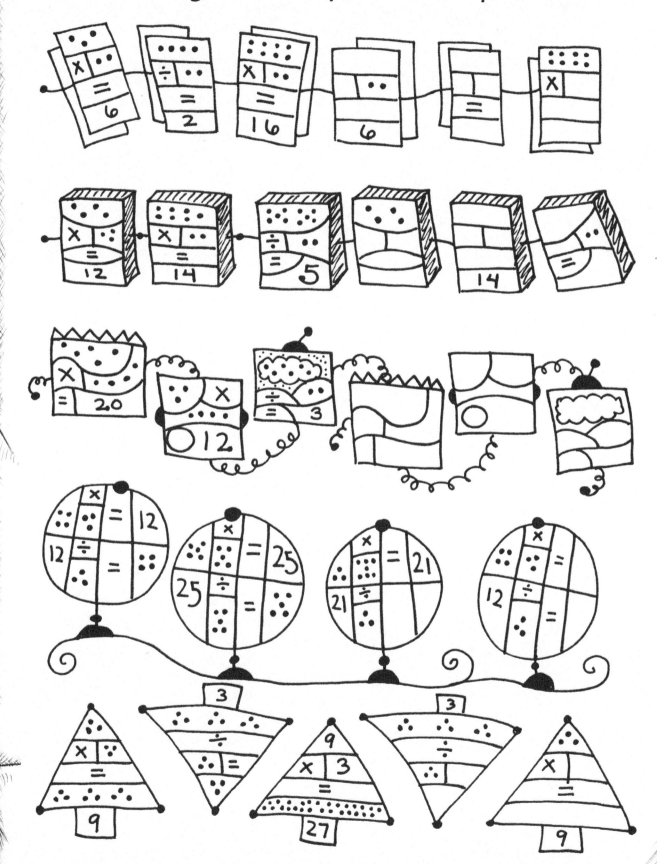

Use logic to complete each puzzle.

1		3		5		7		9	
11		13		15		17		19	
21		23		25		27		29	
31		33		35		37		39	
41		43		45		47		49	
51		53		55		57		59	
61		63		65		67		69	
71		73		75		77		79	
81		83		85		87		89	
91		93		95		97		99	

    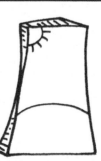

Use logic to complete each puzzle.

Use logic to complete each puzzle.

1	2	3	4	5	6	7	8	9	10
3	6	9	12	15	18	21	24	27	
5	10	15		25		35	40	45	50
7	14	21	28	35	42	49	56	63	70
9	18	27	36	45	54	63	72	81	90

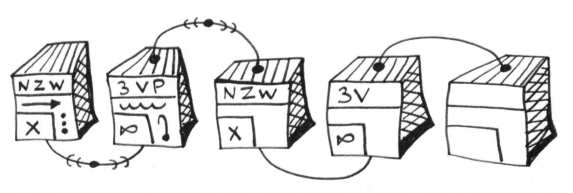

Use logic to complete each puzzle.

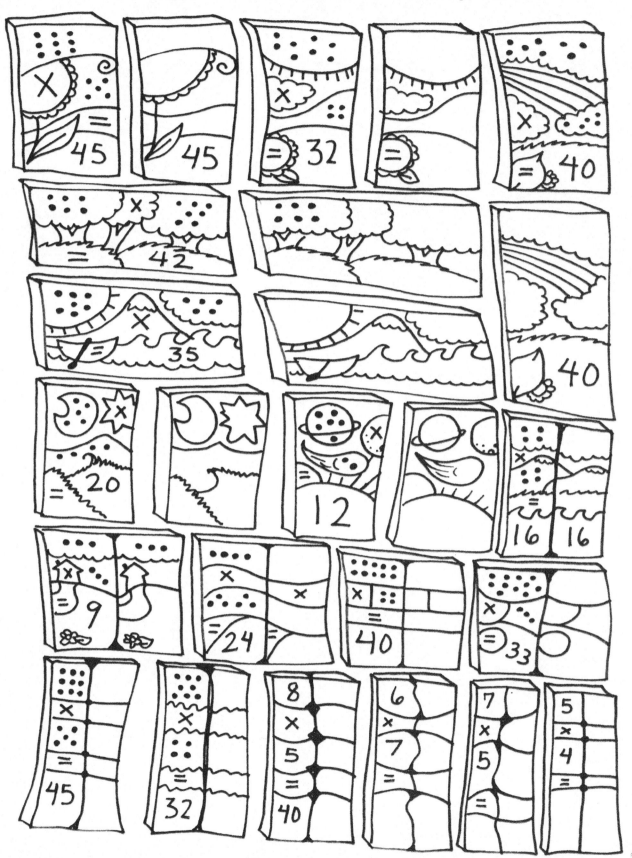

Use logic to complete each puzzle.

1		3	4		6	7	8	9	10
3		9	12		18	21	24	27	
5		15		25		35	40	45	50
7		21	28	35	42	49		63	70
9		27	36	45	54	63		81	90

Use logic to complete each puzzle.

Use logic to complete each puzzle.

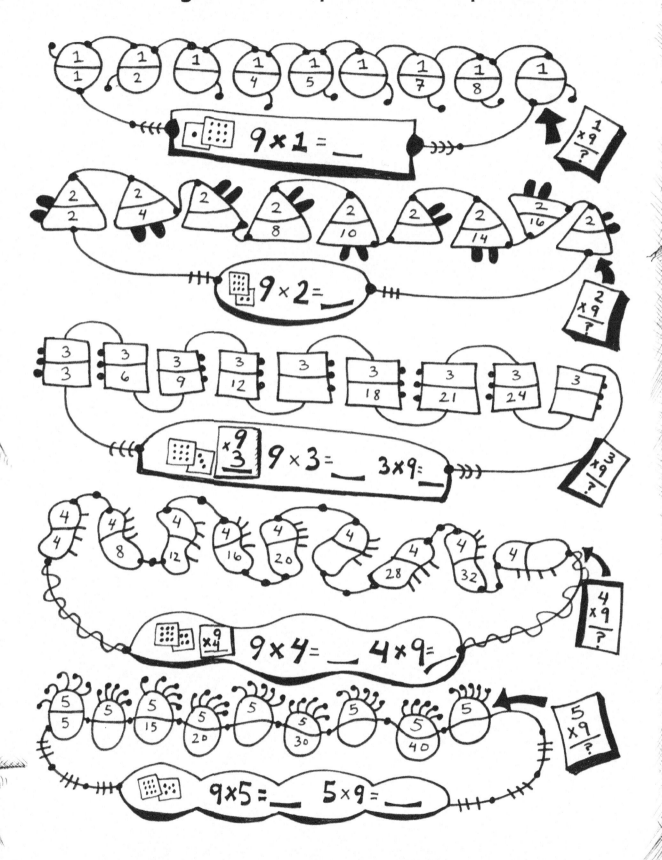

$9 \times 1 = \underline{}$

$9 \times 2 = \underline{}$

$9 \times 3 = \underline{}$ $3 \times 9 = \underline{}$

$9 \times 4 = \underline{}$ $4 \times 9 = \underline{}$

$9 \times 5 = \underline{}$ $5 \times 9 = \underline{}$

Use logic to complete each puzzle.

1	2	3	4	5		7	8	9	10
2	4	6	8	10		14	16	18	20
4	8	12	16	20		28	32	36	40
5	10	15	20	25		35	40	45	50
7	14	21	28	35		49	56	63	70
8	16	24	32	40		56	64	72	80
10	20	30	40	50		70	80	90	100

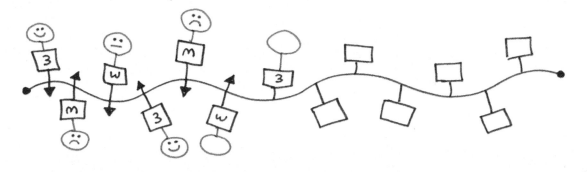

Use logic to complete each puzzle.

1	2	3		5	6		8	9	10
11	12	13		15	16		18	19	20
31	32	33		35	36		38	39	40
41	42	43		45	46		48	49	50
51	52	53		55	56		58	59	60
71	72	73		75	76		78	79	80
81	82	83		85	86		88	89	90
91	92	93		95	96		98	99	100

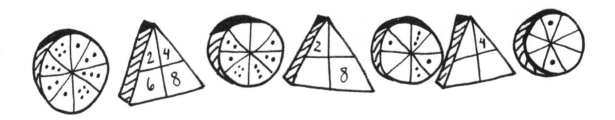

Use logic to complete each puzzle.

Use logic to complete each puzzle.

	2	3	4	5	6	7	8	9	10
2	4	6	8	10	12	14	16	18	
3	6		12	15	18	21	24	27	
4	8	12	16		24	28	32	36	40
5	10	15							50
6	12	18	24						60
7	14	21	28						70
8	16	24	32						80
9	18	27	36						90
10			40	50	60	70	80	90	100

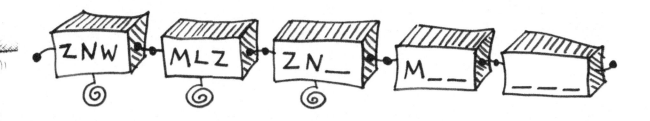

ZNW   MLZ   ZN_   M__   ____

Multiplication Practice

Use a calculator to find your answers.

1x0=	1x2=	1x3=	1x4=
1x5=	1x6=	1x7=	1x8=
1x9=	1x10=	1x11=	1x12=
1x20=	1x25	1x50=	1x15=

Multiplication Practice

Use a calculator to find your answers.

2x0=	2x2=	2x3=	2x4=
2x5=	2x6=	2x7=	2x8=
2x9=	2x10=	2x11=	2x12=
2x20=	2x25	2x50=	2x15=

Multiplication Practice

Use a calculator to find your answers.

3x0=	3x2=	3x3=	3x4=
3x5=	3x6=	3x7=	3x8=
3x9=	3x10=	3x11=	3x12=
3x20=	3x25	3x50=	3x15=

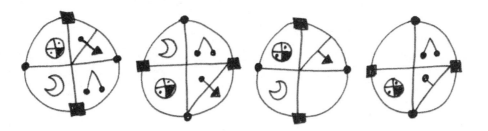

Multiplication Practice

Use a calculator to find your answers.

4x0=	4x2=	4x3=	4x4=
4x5=	4x6=	4x7=	4x8=
4x9=	4x10=	4x11=	4x12=
4x20=	4x25	4x50=	4x15=

Multiplication Practice

Use a calculator to find your answers.

5x0=	5x2=	5x3=	5x4=
5x5=	5x6=	5x7=	5x8=
5x9=	5x10=	5x11=	5x12=
5x20=	5x25	5x50=	5x15=

Multiplication Practice

Use a calculator to find your answers.

6x0=	6x2=	6x3=	6x4=
6x5=	6x6=	6x7=	6x8=
6x9=	6x10=	6x11=	6x12=
6x20=	6x25	6x50=	6x15=

Multiplication Practice

Use a calculator to find your answers.

7x0=	7x2=	7x3=	7x4=
7x5=	7x6=	7x7=	7x8=
7x9=	7x10=	7x11=	7x12=
7x20=	7x25	7x50=	7x15=

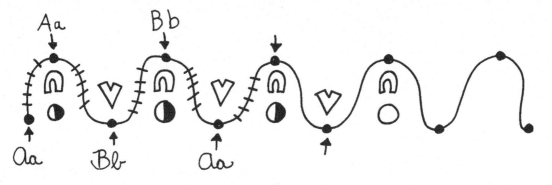

Multiplication Practice

Use a calculator to find your answers.

8x0=	8x2=	8x3=	8x4=
8x5=	8x6=	8x7=	8x8=
8x9=	8x10=	8x11=	8x12=
8x20=	8x25	8x50=	8x15=

Multiplication Practice

Use a calculator to find your answers.

9x0=	9x2=	9x3=	9x4=
9x5=	9x6=	9x7=	9x8=
9x9=	9x10=	9x11=	9x12=
9x20=	9x25	9x50=	9x15=

Multiplication Practice

Use a calculator to find your answers.

10x0=	10x2=	10x3=	10x4=
10x5=	10x6=	10x7=	10x8=
10x9=	10x10=	10x11=	10x12=
10x20=	10x25	10x50=	10x15=

Multiplication Practice

Use a calculator to find your answers.

11x0=	11x2=	11x3=	11x4=
11x5=	11x6=	11x7=	11x8=
11x9=	11x10=	11x11=	11x12=
11x20=	11x25	11x50=	11x15=

Multiplication Practice

Use a calculator to find your answers.

12x0=	12x2=	12x3=	12x4=
12x5=	12x6=	12x7=	12x8=
12x9=	12x10=	12x11=	12x12=
12x20=	12x25	12x50=	12x15=

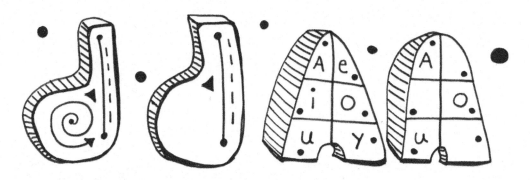

Multiplication Practice

Use a calculator to find your answers.

25x0=	25x2=	25x3=	25x4=
25x5=	25x6=	25x7=	25x8=
25x9=	25x10=	25x11=	25x12=
25x20=	25x25	25x50=	25x15=

 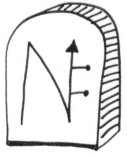  

Multiplication Practice

Use a calculator to find your answers.

50x0=	50x2=	50x3=	50x4=
50x5=	50x6=	50x7=	50x8=
50x9=	50x10=	50x11=	50x12=
50x20=	50x25	50x50=	50x15=

  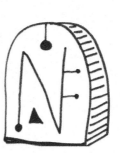

Multiplication Practice

Use a calculator to find your answers.

100x2=	100x2=	100x3=	100x4=
100x5=	100x6=	100x7=	100x8=
100x9=	100x10=	100x11=	100x12=
100x20=	100x25	100x50=	100x15=

Made in the USA
Middletown, DE
27 July 2024